Mini Sudoku For Kids 6x6 Easy to Hard Volume 1

Mini Sudoku For Kids 6x6 Easy to Hard Volume 1

Nick Snels

Latest books in the Sudoku For Kids series

At http://www.puzzlebooks.net you find other books and e-books for kids with puzzles like Jigsaw Sudoku, Wordoku, Killer Sudoku, Kakuro, Futoshiki, CalcuDoku and Binary Puzzles.

Contents

How to play Sudoku

1. Each column contains each number exactly once

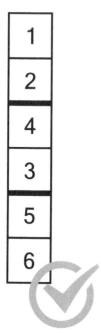 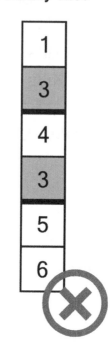

2. Each row contains each number exactly once

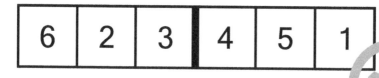

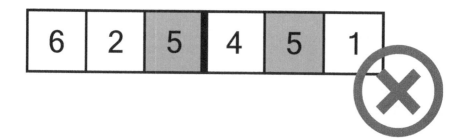

3. Each region contains each number exactly once

6	2	3	4	5	1
1	5	4	3	6	2

6	2	3	4	5	1
1	5	6	3	6	2

4	1	2	5	6	3
6	3	5	4	2	1
2	6	3	4	5	1
1	4	5	3	2	6
3	2	1	5	6	
5	4	6	1	3	2

2

			1		5
	2		6		3
1	6				
		5	2	1	6
3		6	4	5	2

Easy

3

3				6	
		4		3	
	3	6			1
		5		4	6
6	4	2			
5	1				4

4

				5	
	2	4	1		3
	4		6		5
	1	5			4
			5		1
		2		4	6

5

3	5			4	2
1		4			3
		1			5
	4				
			3	2	
4		2	6	5	

6

4	3	5		6	1
			4		
3				5	4
	5			1	2
5		6			
				2	6

Easy

7

	6		5		4
4					3
	3		4		
5	1				2
	2	5		4	
1	4		3		

8

6			2		
	3	2	1		
	5				
1	2	4		3	5
5	6	1			4
2		3			

9

	2				3
	6	3		5	
	1				
2					
1	5		4		6
3	4	6	2		5

10

	1				5
			4		6
	2	6			
1	3	5		2	4
	4		5		2
	6	2			1

Easy

11

	2		5		4
					1
6	3		2		5
1		2	4	3	
4	1		6	5	2

12

1		3	5		
6	5			4	3
2					4
	3	4		6	
	2				
4		5		3	

13

		2		1	
	1				4
2	5		1		
	3	6		4	
3				6	5
4		5			1

14

4				5	
6		1			3
	6				5
1				6	4
		6	3		
	4	2		1	6

Easy

15

1			4		
4	2	6			
6		3			5
5	1	2			3
3	6	1	5	2	4
				3	

16

4					
1		5	4	2	6
	5	4			1
3	1				
5	2		6		
6		1	5		

17

	5			2	1
	1	3			
		1	4	5	
	2	5	1		6
		6			
5	4			1	

18

	1	6			
3			1		
				6	1
1	6		2	3	
2	3		6	1	
	4	1			2

19

2	3			5	
	1		3		
		2	5	1	
	4	5		2	3
		1			
4	5	3			

20

	3	4		2	5
5			3		
3	4				
6	5	1		3	
	1			6	
2	6				3

21

	4	5	3	6	
5	1		2	4	
			1		3
	5	6		3	
			6	2	5

22

			3	5	4
		5			
3	4	2	5		
1	2	6	4		
5	3			2	6

23

					5
		2	6		
4	3		5	1	
	1		3	4	
6			1	5	
3			2	6	4

24

2			3		
	4				6
		6	4		1
5		4			
6	3		1		
4	5		6		2

25

	2	4		6	3
			2		
		3	4		6
2	4	6			
	1	5		4	2
	3				5

26

1		6			5
	2	4	3		1
4		3	5		
	1		4	2	
6		2		5	3

Easy

27

5			6		2
	1				4
			4	2	1
	4	2	3		6
3	6				
4	2		1		

28

	2			6	1
			5	4	
4	5	6	2		
				5	
2			1	3	
1	6		4		

29

4	1	6	2		
5		2			
	6	5		2	
2		3		1	
6			4	3	5
				6	

30

		2	5	1	3
5					
2	5		3		
	1	4		6	
		3	4		2
		5			6

Easy

31

1	2	4			6
5			4	1	3
	4		6	2	
4		3		6	2
			5		4

32

1	6	4	2		
		3	4	6	
					3
	3	1	6	2	4
6	4			1	

33

1	5		4		3
4			5		1
	6	4		3	
		1			
6					5
	1		2	4	6

34

		3		4	1
		5	2		
5				2	3
			4	1	5
	5	4	1		
		2	3		4

Easy

35

	5	1	3	6	2
	2		1		5
6		5		1	4
2			5		
	6	2			
			6		

36

5		4	6		2
1				4	
6		3			
2	4	5		6	3
		1			6
		6	2		1

37

		6			
	1		6		3
				6	
		5	3		
1	4				
	6	3	4		1

38

			3		
5	3				
4	5		6	2	
					4
1					2
2			4		

Medium

39

	4		2	1	
6					
				6	3
				2	
4		5			
2	3	6		5	

40

	2	3			
					2
1	6		4		3
				6	
		4		3	

41

			1		5
2					
		4	5		
				6	
		6	2		
4		5			6

42

	6	3		4	
			2		
		2		5	
			4		
	5	1			
4		6	1		

43

3	1	5			6
	5	4			
2					
	4			2	3
			6	5	4

44

		1	2	3	
	2			4	
		3	6		2
	5				
			4		

45

	4	6			
	3			4	
			6		3
	6	2			
5	1		4		
			5		

46

					5
		5	1	3	
			6		
	5		3		2
		4			1
			4	2	

47

	3	1		4	6
5				1	
1		4			
			1		
		2		5	
		5	4		

48

				6	4
5	6			1	3
6	5	1			
		3			
1		5		3	
			1		

49

	6	3	5		
		4			2
4			2		
				5	6
		5		6	

50

1				6	
		2		5	
6		3			
			4	2	
	4		3		

51

		4			3
5		1			
	5		4		
				5	
				4	
3		2	1		

52

			1		4
			2		
1	2				
6					1
		3	4		
	6				5

53

4	3		6		
			2		
			3		4
5					
1		4			6
		6			

54

6		4			3
				4	
			3		
	4	3	1		
	6				
				5	2

Medium

55

		1			
3	5				
5			1	4	
	1	4			
				3	
1		3	6		5

56

		6		3	
2	4			5	
1			3	4	
		4			
	2				
		1			3

57

	1				
5	4		1	2	6
1					4
	6	2			
				1	3

58

					5
2			6		
3			2		4
4					
	4	6	3		
	3		5		

Medium

5			4		3
2		3	5		
				6	4
	3	6			
					2
		2			

6				5	
	3			4	
2		1		6	
	4	6			
	1				4
4				3	

61

	4			1	3
	1				
		6		2	4
					5
4	5	1			6

62

5		1	4		
		2		3	
4	6			1	
			5	4	
	1				
3					

63

2				4	
5	3	4	2		
		6			4
		5		6	3
	5	2			

64

	3			5	
		5	3		
		2		1	
4					6
	5	6		3	4

65

	3				
			6		3
1		4	3		2
	5	3		1	
5					1

66

	6				
		5	1	2	
1			2	3	4
		2	3		
		4	6		

67

	2				1
	1		3	5	2
			5		
			1	4	6
		5			
	3				

68

			2	1	
1	4		3		
				2	1
		5			
			6		5
	5	6	1	4	

69

		3			5
			2	3	
2	6				
	3				4
6	4		3		

70

3	2			5	
4	6				1
			6	2	
			3		
	4				2

71

	6		4		5
				3	
					2
	1	5			3
			5		
	4				

72

		6		3	
			5	2	
4		5	1		2
2					
		2			
			2		5

73

			1		
		3		6	
	3	6			4
5			2		
		1			

74

6					5
	5				
				2	3
			6		
		4	2		
		2		1	

75

			6		
	3				4
	2				
		4		6	5
5					3

76

				5	
2				3	
	3				6
6	2				
		4		2	3

77

		2		6	
	1				
			3		5
		1			
	2			5	
			6	4	

78

			2	5	
3				6	
1					
	3		6		
		6	5		1

79

1			4		6
				1	
	2			5	
		6	3		
4			6		

80

	4				
2		1	5	4	
5					
					6
			1		5
			4		

81

3				2	
			6		3
	2	4			
					6
2	4				
		6		1	

82

	2				
		3			
	1				3
		2		5	1
6					
				3	4

83

				6	
2				5	1
	3			4	
6		1			4
		4			2

84

4	3				
					2
	5	1			
	6			5	
				2	6

85

			1		
	2			5	
6					
3					5
			6	2	
		4			3

86

		4	6		
	5	3		1	
					2
			4		5
4	1				

87

2	4				5
		4			
3					
		3	5		
5	2		4		6

88

		4			
				3	4
	5				3
	4	1			6
2				1	

89

	6		5		
		1		2	
	5			6	
			1		
	2			5	
			4		

90

					1
			3		
	5		2		4
					5
	3	4	6		
6		5			

Hard

91

	5				
			2		
	1	2		3	
					4
	6		3		
		1			6

92

	1				3
	4				5
	5		3		
		2			6
4				6	

93

				2	1
3					
				3	6
		1		4	
5				6	3

94

6		2	1		
	1				
				5	
	5		6		1
					3
		3		2	

3			2		
		5			
					2
		4		5	
1	4	6			

					3
2					1
	5				
4		1			
5		3		2	
				4	

97

2					3
				6	
			3		1
4		3	6		
3					2
	4				

98

		1		4	
	5	2			
	6		1		
			4		
5		6			
					2

99

		1			
					4
	3			5	
			4		
1		2			
6				1	2

100

	5	6			1
			3		
	4				
	6		2		
1			5		
				3	

101

2	4			5	
					5
5			4	3	
		3		1	
4	2				

102

	4		5		
			6		
	2			5	1
3					6
4			3		

103

		5		1	
	2				
6			1	3	
4			2		
		1		6	

104

2					
1				6	
6		5		2	
			5		4
	1				

105

2		1			
			6		
6		5		4	
					5
		4			1

106

	3		6		
	2				1
		3			
	1			4	
					5
		5	3		

Hard

107

	2			6	3
1					
		3			
			6		5
					2
		1			

108

		6	3		4
		2	6		
5				1	
			4		
			1		3
				4	

109

7		5		6			
	6		4	5	2		7
		2	5	3	1		
1		7					6
5	7			1		6	2
	3		6	7	5	4	8
	1						
3	5		7	4	6	2	

110

1				2	7	5	
2	7	6		3		8	
3	5	1	8	7		6	
		4	2	1			
		7				2	1
5			6				7
	3		7	6			
6			1	4	5	7	

2		7	5		3	6	
3	4	8		2	5	1	
1	6	2		5	7	4	
5					6		1
	3	1					5
		5				3	
	2			7	4		6
		6	4			8	2

1	3	5	6			7	
			4			6	
						5	4
		2	1		8		7
		4	3			1	
2	1			7			3
	4		8	1	7	2	5
5		1	2	8		4	6

113

1		3			6	7	4
	7					8	
	1	7		4			6
6				3		2	1
5	2			7	1		
	8		7		4	6	2
7	6	2			5		3
8			1	6			7

114

1	8		5	7	4		
		7		1		2	
5	4	8	1		6		
7	6			4	1		
		5	4			6	1
		6	3		7	4	2
6	5						
3			8	6			7

115

			5				1
	8	6	3	5	7		
	4	8			6		3
	3		7		4	5	
8			6		1	4	2
3		2		8		6	7
		3	8				6
2	6	4			3		5

116

	7				2		3
2	6	1			4	7	5
			7		3		6
6	3	8		4			
4		6	8			3	2
7	2				8	5	4
5	8	4					
3	1	7					8

117

		2	1	8	7	5	6	
	9	1	3		5	2	7	8
5	8	7	9	2		1	4	
	5	8		9		3	1	6
3		9	6	1				
		6	2	5			8	7
	1	3	5	6	2	7		
				3	9	6		1
	6	5	4		1	8	3	

118

	1	9	7	8	6	4	5	
5		6		4	3	1	7	2
	3			2	5	6		8
	5			1	2	7		9
1	4			6	9			5
6	9	2	3	5	7	8		4
4	7					9		6
		3	6			5	4	1
	6	1			4	2		7

Easy

119

	2		3	5	7	1	8	4
1			8		9			
7			4	6	1	9	3	2
		5	9		8	2	7	
2	7		5		6		1	8
3		1	2		4			
4	9	7	6	8	5	3	2	1
5	6	2		4	3			7
8	1			9		6		5

120

6	3			4	9	8	2	5
9	5	8	3	2		6		
1			6			9		7
7	4	3	2	8			5	9
		6	4		5	7	8	
	1							4
	6	9	8		4	5	1	2
4	7	1			2	3		8
5	8	2	9	3	1	4		6

121

6		8		7	4			
9		2			6	8	5	7
3	7		2	5	8	6		9
7	2	3		1	5			8
5	1	6	7	8	9	3		4
			6	2		5	7	1
2		9	5	4	1		8	
4			3	9	7			6
1				6			9	5

122

1	5	2	6	9	8	4		7
	6	9	2		7	8	5	
	7							6
2	4	3	7	6			8	5
				5	4	3		2
5			1	2		9	6	
			5	8		7	4	9
8	2	4	9	7	6	5	1	
7	9	5		3			2	8

123

8	3		5	7		2		4
5	9				1	6		7
6		7	3	4	9		8	
		2	9	3	8	1		
	1	6		5	4			8
9		5	6					3
	7	3	1		5	4	6	
4	6	8	2	9	7			5
	5	9		6	3	8	7	2

124

6	4	1	8	2	3	5	7	9
5		3				2		
9			1	6				8
3		8		5			9	
4		2	7	1		6		5
1		6	9	3		7	8	2
7	1	9	6			4		3
8	6	5		4			2	
2	3	4		7		8	6	1

Wordoku

The goal of Wordoku is to fill in the empty cells, one letter in each, so that each column, row, and region contains each letter exactly once.

At http://www.puzzlebooks.net you find Wordoku books and e-books, free Wordoku puzzles, discount codes and book giveaways.

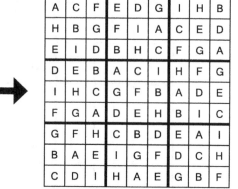

125

Easy

H	F	D			A	E		G
	B			E		F	C	
		E	B				H	
			H	E	G		A	B
	C				B			D
B	H		D					C
	A					C	G	E
					F	B	D	A

F	D				
					B
			F		D
	A				
	F	C	B		E
	E				

		C		F	
D					
	B	A	C	D	
		F	E		
			A	B	

CalcuDoku

The goal of CalcuDoku is to fill the grid in with the numbers 1-N (N is the number of rows/columns in the grid) such that:

- Each row contains exactly one of each number.
- Each column contains exactly one of each number.
- Each bold-outlined group of cells (cages) contains numbers which achieve the specified result using the specified mathematical operation (+, -, ×, ÷). Sometimes the sign +, -, × or ÷ is omitted, in which case you also need to find the correct sign.
- Numbers may repeat within a cage.

At http://www.puzzlebooks.net you find CalcuDoku books and e-books, free CalcuDoku puzzles, discount codes and book giveaways.

1	4÷	12×	
		12×	
4			
	12		

→

4	1	2	3
3	4	1	2
1	2	3	4
2	3	4	1

128

Easy

6	3÷		14+		
	3		10	13+	
4÷		15			
180	2			4÷	8+
		18			
				3÷	

Medium

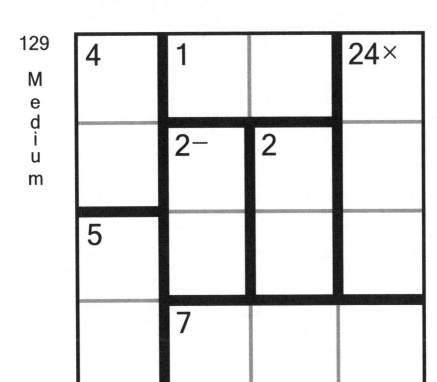

4	1		24×
	2−	2	
5			
	7		

Hard

8		2		1	
	3	24	4	6	3÷
10					
			30		5
1		30			
2			10		

Futoshiki

The goal of Futoshiki is to place one number in each empty cell, so that each column and row contains each number exactly once. Some numbers may be given at the start. In addition, inequality constraints are specified between some of the squares, such that the number must be higher or lower than its neighbor. These constraints must be honored as the grid is filled out.

At http://www.puzzlebooks.net you find Futoshiki books and e-books, free Futoshiki puzzles, discount codes and book giveaways.

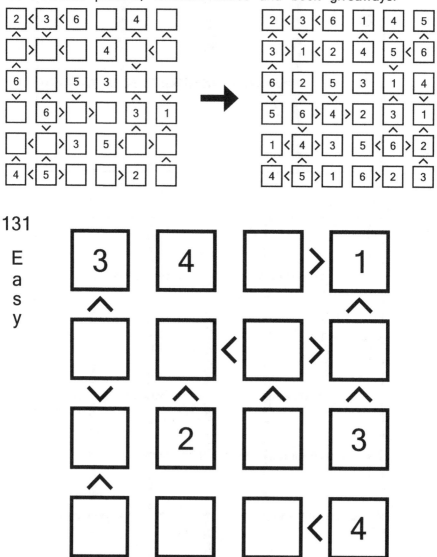

131

E
a
s
y

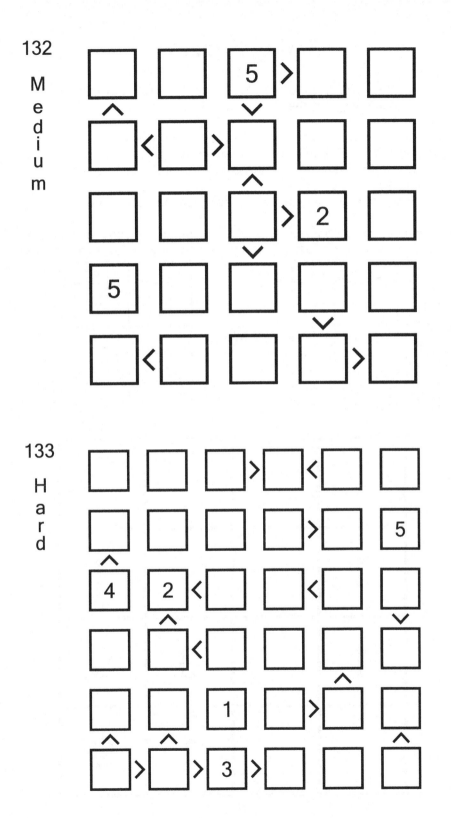

132
Medium

133
Hard

Binary Puzzles

The goal of a binary puzzle is to fill in the grid with the numbers 0 and 1 according to the following rules:

- There are as many ones as zeros in every row and every column (or one more for odd sized grids).
- No more than two of the same number can be next to or under each other.
- Each row is unique, and each column is unique.

At http://www.puzzlebooks.net you find Binary Puzzle books and e-books, free Binary Puzzles, discount codes and book giveaways.

	0		1		1		
			1	1	0		
					1	0	
1		0			0		
1	0					0	
	1	1		1			
		0	0	1	1	0	

0	0	1	1	0	1	1
1	0	0	1	1	0	1
0	1	1	0	1	1	0
1	1	0	1	0	0	1
1	0	1	1	0	1	0
0	1	1	0	1	0	1
1	1	0	0	1	1	0

134

**E
a
s
y**

1			1
1		0	0
		1	0

135

Medium

	0	0		0		0	
	0	1			0		
1						1	
			1		0		
1		0				1	
				1			
		0		1			

136

Hard

0			
0		0	
	1		

Jigsaw Sudoku

The goal of Jigsaw Sudoku is to fill in the empty cells, one number in each, so that each column, row, and region contains each number exactly once. The regions are of irregular shape.

At http://www.puzzlebooks.net you find Jigsaw Sudoku books and e-books, free Jigsaw Sudoku puzzles, discount codes and book giveaways.

2	7				1		8	3
	8	3	1	4	7			2
5		9		8			1	4
3	5	6		7	4		2	9
1		8	4	9		7	3	
6		1		2		8	9	
	9	7			6	2	4	
7	1		2	3		4	6	
4	3			6	8		7	1

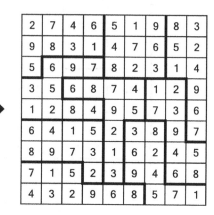

137

Easy

			1		6
4			2	5	
1	3		4		
	4				
		4	5	1	3
	1			6	4

Puzzle 138 (Medium) — 6×6 grid

	1	4		5	6
	4	5		2	
				6	5
		6		3	

Puzzle 139 (Hard) — 6×6 grid

		6			
4			5		
				3	
1	4				
3	1				
			4		

Killer Sudoku

The goal of Killer Sudoku is to fill in the empty cells, one number in each, so that each column, row, and region contains each number exactly once. The sum of all numbers in a cage (indicated by the dashed lines) must match the small number printed in its corner. No number can be repeated within a cage.

At http://www.puzzlebooks.net you find Killer Sudoku books and e-books, free Killer Sudoku puzzles, discount codes and book giveaways.

140

E
a
s
y

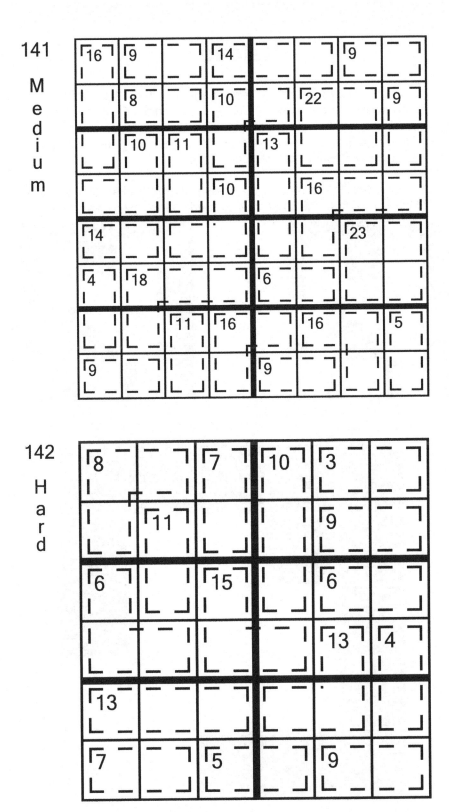

Kakuro

The goal of Kakuro is to insert numbers into the white cells. Possible numbers are always 1 to 9. The sum of each horizontal block must equal the clue on its left. The sum of each vertical block must equal the clue above it. You can only use a number once in each horizontal or vertical block.

At http://www.puzzlebooks.net you find Kakuro books and e-books, free Kakuro puzzles, discount codes and book giveaways.

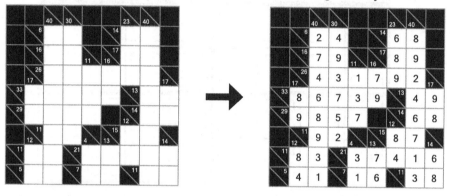

143

144

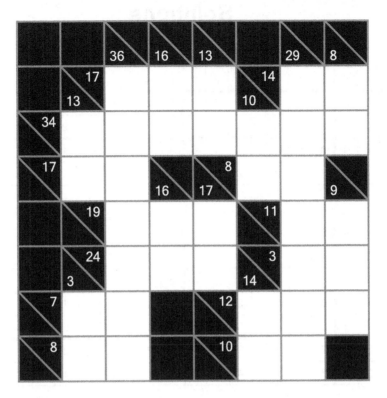

145

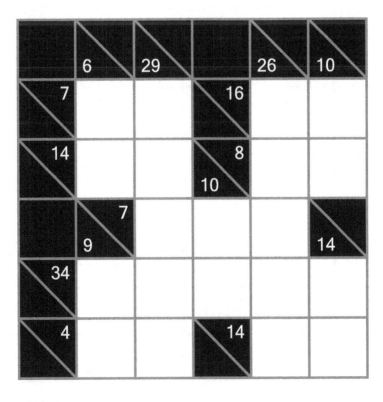

Solutions

1

4	1	2	6	5	3
6	3	5	2	1	4
2	6	3	5	4	1
1	5	4	3	2	6
3	2	1	4	6	5
5	4	6	1	3	2

2

6	4	3	1	2	5
5	2	1	6	4	3
1	6	2	5	3	4
4	3	5	2	1	6
3	1	6	4	5	2
2	5	4	3	6	1

3

3	5	1	4	6	2
2	6	4	1	3	5
4	3	6	2	5	1
1	2	5	3	4	6
6	4	2	5	1	3
5	1	3	6	2	4

4

3	6	1	4	5	2
5	2	4	1	6	3
2	4	3	6	1	5
6	1	5	2	3	4
4	3	6	5	2	1
1	5	2	3	4	6

5

3	5	6	1	4	2
1	2	4	5	6	3
2	6	1	4	3	5
5	4	3	2	1	6
6	1	5	3	2	4
4	3	2	6	5	1

6

4	3	5	2	6	1
2	6	1	4	3	5
3	1	2	6	5	4
6	5	4	3	1	2
5	2	6	1	4	3
1	4	3	5	2	6

7

2	6	3	5	1	4
4	5	1	2	6	3
6	3	2	4	5	1
5	1	4	6	3	2
3	2	5	1	4	6
1	4	6	3	2	5

8

6	1	5	2	4	3
4	3	2	1	5	6
3	5	6	4	1	2
1	2	4	6	3	5
5	6	1	3	2	4
2	4	3	5	6	1

9

5	2	1	6	4	3
4	6	3	1	5	2
6	1	5	3	2	4
2	3	4	5	6	1
1	5	2	4	3	6
3	4	6	2	1	5

10

6	1	4	2	3	5
2	5	3	4	1	6
4	2	6	1	5	3
1	3	5	6	2	4
3	4	1	5	6	2
5	6	2	3	4	1

11

3	2	1	5	6	4
5	4	6	3	2	1
6	3	4	2	1	5
1	5	2	4	3	6
4	1	3	6	5	2
2	6	5	1	4	3

12

1	4	3	5	2	6
6	5	2	1	4	3
2	6	1	3	5	4
5	3	4	2	6	1
3	2	6	4	1	5
4	1	5	6	3	2

13

5	4	2	6	1	3
6	1	3	2	5	4
2	5	4	1	3	6
1	3	6	5	4	2
3	2	1	4	6	5
4	6	5	3	2	1

14

4	2	3	6	5	1
6	5	1	4	2	3
2	6	4	1	3	5
1	3	5	2	6	4
5	1	6	3	4	2
3	4	2	5	1	6

15

1	3	5	4	6	2
4	2	6	3	5	1
6	4	3	2	1	5
5	1	2	6	4	3
3	6	1	5	2	4
2	5	4	1	3	6

16

4	6	2	1	5	3
1	3	5	4	2	6
2	5	4	3	6	1
3	1	6	2	4	5
5	2	3	6	1	4
6	4	1	5	3	2

17

6	5	4	3	2	1
2	1	3	5	6	4
3	6	1	4	5	2
4	2	5	1	3	6
1	3	6	2	4	5
5	4	2	6	1	3

18

4	1	6	5	2	3
3	5	2	1	4	6
5	2	3	4	6	1
1	6	4	2	3	5
2	3	5	6	1	4
6	4	1	3	5	2

19

2	3	4	1	5	6
5	1	6	3	4	2
3	6	2	5	1	4
1	4	5	6	2	3
6	2	1	4	3	5
4	5	3	2	6	1

20

1	3	4	6	2	5
5	2	6	3	4	1
3	4	2	1	5	6
6	5	1	2	3	4
4	1	3	5	6	2
2	6	5	4	1	3

21

1	4	5	3	6	2
3	6	2	5	1	4
5	1	3	2	4	6
6	2	4	1	5	3
2	5	6	4	3	1
4	3	1	6	2	5

22

2	6	1	3	5	4
4	5	3	6	1	2
6	1	5	2	4	3
3	4	2	5	6	1
1	2	6	4	3	5
5	3	4	1	2	6

23

1	6	3	4	2	5
5	4	2	6	3	1
4	3	6	5	1	2
2	1	5	3	4	6
6	2	4	1	5	3
3	5	1	2	6	4

24

2	6	5	3	1	4
1	4	3	5	2	6
3	2	6	4	5	1
5	1	4	2	6	3
6	3	2	1	4	5
4	5	1	6	3	2

25

5	2	4	1	6	3
3	6	1	2	5	4
1	5	3	4	2	6
2	4	6	5	3	1
6	1	5	3	4	2
4	3	2	6	1	5

26

1	3	6	2	4	5
5	2	4	3	6	1
4	6	3	5	1	2
2	5	1	6	3	4
3	1	5	4	2	6
6	4	2	1	5	3

27

5	3	4	6	1	2
2	1	6	5	3	4
6	5	3	4	2	1
1	4	2	3	5	6
3	6	1	2	4	5
4	2	5	1	6	3

28

5	2	4	3	6	1
6	3	1	5	4	2
4	5	6	2	1	3
3	1	2	6	5	4
2	4	5	1	3	6
1	6	3	4	2	5

29

4	1	6	2	5	3
5	3	2	6	4	1
1	6	5	3	2	4
2	4	3	5	1	6
6	2	1	4	3	5
3	5	4	1	6	2

30

6	4	2	5	1	3
5	3	1	6	2	4
2	5	6	3	4	1
3	1	4	2	6	5
1	6	3	4	5	2
4	2	5	1	3	6

31

6	3	5	2	4	1
1	2	4	3	5	6
5	6	2	4	1	3
3	4	1	6	2	5
4	5	3	1	6	2
2	1	6	5	3	4

32

1	6	4	2	3	5
2	5	3	4	6	1
4	2	6	1	5	3
5	3	1	6	2	4
6	4	5	3	1	2
3	1	2	5	4	6

33

1	5	6	4	2	3
4	2	3	5	6	1
5	6	4	1	3	2
2	3	1	6	5	4
6	4	2	3	1	5
3	1	5	2	4	6

34

6	2	3	5	4	1
4	1	5	2	3	6
5	4	1	6	2	3
2	3	6	4	1	5
3	5	4	1	6	2
1	6	2	3	5	4

35

4	5	1	3	6	2
3	2	6	1	4	5
6	3	5	2	1	4
2	1	4	5	3	6
1	6	2	4	5	3
5	4	3	6	2	1

36

5	3	4	6	1	2
1	6	2	3	4	5
6	1	3	5	2	4
2	4	5	1	6	3
3	2	1	4	5	6
4	5	6	2	3	1

37

3	5	6	1	4	2
2	1	4	6	5	3
4	3	1	2	6	5
6	2	5	3	1	4
1	4	2	5	3	6
5	6	3	4	2	1

38

6	1	2	3	4	5
5	3	4	2	1	6
4	5	1	6	2	3
3	2	6	1	5	4
1	4	3	5	6	2
2	6	5	4	3	1

39

5	4	3	2	1	6
6	2	1	3	4	5
1	5	2	4	6	3
3	6	4	5	2	1
4	1	5	6	3	2
2	3	6	1	5	4

40

5	2	3	1	4	6
4	1	6	3	2	5
3	4	5	6	1	2
1	6	2	4	5	3
2	3	1	5	6	4
6	5	4	2	3	1

41

6	4	3	1	2	5
2	5	1	6	4	3
1	6	4	5	3	2
5	3	2	4	6	1
3	1	6	2	5	4
4	2	5	3	1	6

42

2	6	3	5	4	1
5	1	4	2	6	3
1	4	2	3	5	6
6	3	5	4	1	2
3	5	1	6	2	4
4	2	6	1	3	5

43

3	1	5	2	4	6
4	6	2	5	3	1
6	5	4	3	1	2
2	3	1	4	6	5
5	4	6	1	2	3
1	2	3	6	5	4

44

5	4	1	2	3	6
3	2	6	5	4	1
2	6	5	3	1	4
4	1	3	6	5	2
6	5	4	1	2	3
1	3	2	4	6	5

45

2	4	6	3	1	5
1	3	5	2	4	6
4	5	1	6	2	3
3	6	2	1	5	4
5	1	3	4	6	2
6	2	4	5	3	1

46

6	1	3	2	4	5
2	4	5	1	3	6
1	3	2	6	5	4
4	5	6	3	1	2
3	2	4	5	6	1
5	6	1	4	2	3

47

2	3	1	5	4	6
5	4	6	2	1	3
1	2	4	6	3	5
6	5	3	1	2	4
4	6	2	3	5	1
3	1	5	4	6	2

48

3	1	2	5	6	4
5	6	4	2	1	3
6	5	1	3	4	2
2	4	3	6	5	1
1	2	5	4	3	6
4	3	6	1	2	5

49

2	6	3	5	4	1
5	1	4	6	3	2
4	5	6	2	1	3
1	3	2	4	5	6
6	4	1	3	2	5
3	2	5	1	6	4

50

1	3	4	5	6	2
5	2	6	1	3	4
4	1	2	6	5	3
6	5	3	2	4	1
3	6	1	4	2	5
2	4	5	3	1	6

51

6	2	4	5	1	3
5	3	1	6	2	4
2	5	6	4	3	1
4	1	3	2	5	6
1	6	5	3	4	2
3	4	2	1	6	5

52

2	5	6	1	3	4
3	4	1	2	5	6
1	2	5	6	4	3
6	3	4	5	2	1
5	1	3	4	6	2
4	6	2	3	1	5

53

4	3	2	6	1	5
6	1	5	2	4	3
2	6	1	3	5	4
5	4	3	1	6	2
1	2	4	5	3	6
3	5	6	4	2	1

54

6	2	4	5	1	3
3	1	5	2	4	6
1	5	6	3	2	4
2	4	3	1	6	5
5	6	2	4	3	1
4	3	1	6	5	2

55

4	2	1	5	6	3
3	5	6	2	1	4
5	3	2	1	4	6
6	1	4	3	5	2
2	6	5	4	3	1
1	4	3	6	2	5

56

5	1	6	4	3	2
2	4	3	6	5	1
1	5	2	3	4	6
6	3	4	2	1	5
3	2	5	1	6	4
4	6	1	5	2	3

57

2	1	6	4	3	5
5	4	3	1	2	6
1	3	5	2	6	4
4	6	2	3	5	1
3	5	1	6	4	2
6	2	4	5	1	3

58

6	1	3	4	2	5
2	5	4	6	3	1
3	6	1	2	5	4
4	2	5	1	6	3
5	4	6	3	1	2
1	3	2	5	4	6

59

5	6	1	4	2	3
2	4	3	5	1	6
1	2	5	3	6	4
4	3	6	2	5	1
6	5	4	1	3	2
3	1	2	6	4	5

60

6	2	4	3	5	1
1	3	5	2	4	6
2	5	1	4	6	3
3	4	6	5	1	2
5	1	3	6	2	4
4	6	2	1	3	5

61

2	4	5	6	1	3
6	1	3	4	5	2
5	2	4	3	6	1
1	3	6	5	2	4
3	6	2	1	4	5
4	5	1	2	3	6

62

5	3	1	4	6	2
6	4	2	1	3	5
4	6	5	2	1	3
1	2	3	5	4	6
2	1	6	3	5	4
3	5	4	6	2	1

63

2	6	1	3	4	5
5	3	4	2	1	6
3	1	6	5	2	4
4	2	5	1	6	3
1	4	3	6	5	2
6	5	2	4	3	1

64

1	3	4	6	5	2
6	2	5	3	4	1
5	6	2	4	1	3
4	1	3	5	2	6
2	5	6	1	3	4
3	4	1	2	6	5

65

6	3	2	1	4	5
4	1	5	6	2	3
1	6	4	3	5	2
2	5	3	4	1	6
5	4	6	2	3	1
3	2	1	5	6	4

66

2	6	1	4	5	3
3	4	5	1	2	6
1	5	6	2	3	4
4	2	3	5	6	1
6	1	2	3	4	5
5	3	4	6	1	2

67

5	2	3	4	6	1
4	1	6	3	5	2
6	4	1	5	2	3
3	5	2	1	4	6
1	6	5	2	3	4
2	3	4	6	1	5

68

5	6	3	2	1	4
1	4	2	3	5	6
6	3	4	5	2	1
2	1	5	4	6	3
4	2	1	6	3	5
3	5	6	1	4	2

69

1	2	3	4	6	5
4	5	6	2	3	1
2	6	4	1	5	3
5	3	1	6	2	4
6	4	5	3	1	2
3	1	2	5	4	6

70

3	2	1	4	5	6
6	5	4	2	1	3
4	6	2	5	3	1
1	3	5	6	2	4
2	1	6	3	4	5
5	4	3	1	6	2

71

3	6	2	4	1	5
4	5	1	2	3	6
6	3	4	1	5	2
2	1	5	6	4	3
1	2	3	5	6	4
5	4	6	3	2	1

72

5	2	6	4	3	1
3	1	4	5	2	6
4	3	5	1	6	2
2	6	1	3	5	4
1	5	2	6	4	3
6	4	3	2	1	5

73

6	4	2	1	5	3
1	5	3	4	6	2
4	1	5	3	2	6
2	3	6	5	1	4
5	6	4	2	3	1
3	2	1	6	4	5

74

6	2	1	4	3	5
4	5	3	1	6	2
1	4	6	5	2	3
2	3	5	6	4	1
3	1	4	2	5	6
5	6	2	3	1	4

75

4	5	1	6	3	2
2	3	6	1	5	4
6	2	5	3	4	1
3	1	4	2	6	5
1	4	3	5	2	6
5	6	2	4	1	3

76

1	4	3	6	5	2
2	5	6	4	3	1
4	3	5	2	1	6
6	2	1	3	4	5
5	6	4	1	2	3
3	1	2	5	6	4

77

3	4	2	5	6	1
6	1	5	2	3	4
2	6	4	3	1	5
5	3	1	4	2	6
4	2	6	1	5	3
1	5	3	6	4	2

78

6	4	1	2	5	3
3	5	2	1	6	4
1	6	5	3	4	2
2	3	4	6	1	5
5	1	3	4	2	6
4	2	6	5	3	1

79

1	5	2	4	3	6
3	6	4	5	1	2
5	4	1	2	6	3
6	2	3	1	5	4
2	1	6	3	4	5
4	3	5	6	2	1

80

3	4	5	6	2	1
2	6	1	5	4	3
5	3	6	2	1	4
4	1	2	3	5	6
6	2	4	1	3	5
1	5	3	4	6	2

81

3	6	5	1	2	4
4	1	2	6	5	3
6	2	4	5	3	1
1	5	3	2	4	6
2	4	1	3	6	5
5	3	6	4	1	2

82

1	2	6	3	4	5
5	4	3	1	2	6
4	1	5	2	6	3
3	6	2	4	5	1
6	3	4	5	1	2
2	5	1	6	3	4

83

4	6	3	1	2	5
5	1	2	4	6	3
2	4	6	3	5	1
1	3	5	2	4	6
6	2	1	5	3	4
3	5	4	6	1	2

84

1	2	6	4	3	5
4	3	5	2	6	1
6	4	3	5	1	2
2	5	1	6	4	3
3	6	2	1	5	4
5	1	4	3	2	6

85

5	3	6	1	4	2
4	2	1	3	5	6
6	4	5	2	3	1
3	1	2	4	6	5
1	5	3	6	2	4
2	6	4	5	1	3

86

1	2	4	6	5	3
6	5	3	2	1	4
5	4	6	1	3	2
2	3	1	4	6	5
4	1	5	3	2	6
3	6	2	5	4	1

87

1	3	5	6	4	2
2	4	6	3	1	5
6	1	4	2	5	3
3	5	2	1	6	4
4	6	3	5	2	1
5	2	1	4	3	6

88

5	3	4	6	2	1
1	2	6	5	3	4
6	5	2	1	4	3
3	4	1	2	5	6
2	6	3	4	1	5
4	1	5	3	6	2

89

3	6	2	5	1	4
5	4	1	3	2	6
1	5	4	2	6	3
2	3	6	1	4	5
4	2	3	6	5	1
6	1	5	4	3	2

90

4	6	3	5	2	1
5	1	2	3	4	6
3	5	1	2	6	4
2	4	6	1	3	5
1	3	4	6	5	2
6	2	5	4	1	3

91

2	5	3	4	6	1
1	4	6	2	5	3
4	1	2	6	3	5
6	3	5	1	2	4
5	6	4	3	1	2
3	2	1	5	4	6

92

2	1	5	6	4	3
3	4	6	1	2	5
6	5	4	3	1	2
1	3	2	4	5	6
5	6	1	2	3	4
4	2	3	5	6	1

93

4	5	6	3	2	1
3	1	2	6	5	4
1	4	5	2	3	6
2	6	3	4	1	5
6	3	1	5	4	2
5	2	4	1	6	3

94

6	3	2	1	4	5
4	1	5	3	6	2
3	6	1	2	5	4
2	5	4	6	3	1
5	2	6	4	1	3
1	4	3	5	2	6

95

3	6	1	2	4	5
4	2	5	6	3	1
6	5	3	4	1	2
2	1	4	3	5	6
5	3	2	1	6	4
1	4	6	5	2	3

96

6	1	4	2	5	3
2	3	5	4	6	1
3	5	2	6	1	4
4	6	1	5	3	2
5	4	3	1	2	6
1	2	6	3	4	5

97

2	6	4	1	5	3
5	3	1	2	6	4
6	2	5	3	4	1
4	1	3	6	2	5
3	5	6	4	1	2
1	4	2	5	3	6

98

6	3	1	2	4	5
4	5	2	6	3	1
2	6	4	1	5	3
3	1	5	4	2	6
5	2	6	3	1	4
1	4	3	5	6	2

99

4	6	1	2	3	5
3	2	5	1	6	4
2	3	4	6	5	1
5	1	6	4	2	3
1	5	2	3	4	6
6	4	3	5	1	2

100

3	5	6	4	2	1
4	1	2	3	5	6
2	4	3	6	1	5
5	6	1	2	4	3
1	3	4	5	6	2
6	2	5	1	3	4

101

1	3	5	6	4	2
2	4	6	3	5	1
3	6	4	1	2	5
5	1	2	4	3	6
6	5	3	2	1	4
4	2	1	5	6	3

102

1	4	6	5	3	2
2	3	5	6	1	4
6	2	3	4	5	1
5	1	4	2	6	3
3	5	2	1	4	6
4	6	1	3	2	5

103

3	4	5	6	1	2
1	2	6	5	4	3
6	5	2	1	3	4
4	1	3	2	5	6
5	6	4	3	2	1
2	3	1	4	6	5

104

2	5	6	1	4	3
1	4	3	2	6	5
4	2	1	3	5	6
6	3	5	4	2	1
3	6	2	5	1	4
5	1	4	6	3	2

105

2	6	1	5	3	4
4	5	3	6	1	2
6	1	5	2	4	3
3	4	2	1	5	6
1	3	6	4	2	5
5	2	4	3	6	1

106

1	3	4	6	5	2
5	2	6	4	3	1
4	5	3	1	2	6
6	1	2	5	4	3
3	4	1	2	6	5
2	6	5	3	1	4

107

5	2	4	1	6	3
1	3	6	5	2	4
6	5	3	2	4	1
4	1	2	6	3	5
3	6	5	4	1	2
2	4	1	3	5	6

108

1	5	6	3	2	4
3	4	2	6	5	1
5	3	4	2	1	6
2	6	1	4	3	5
4	2	5	1	6	3
6	1	3	5	4	2

109

7	2	5	1	6	4	8	3
8	6	3	4	5	2	1	7
6	8	2	5	3	1	7	4
1	4	7	3	2	8	5	6
5	7	4	8	1	3	6	2
2	3	1	6	7	5	4	8
4	1	6	2	8	7	3	5
3	5	8	7	4	6	2	1

110

1	8	3	4	2	7	5	6
2	7	6	5	3	1	8	4
3	5	1	8	7	4	6	2
7	6	4	2	1	8	3	5
8	4	7	3	5	6	2	1
5	1	2	6	8	3	4	7
4	3	5	7	6	2	1	8
6	2	8	1	4	5	7	3

111

2	1	7	5	4	3	6	8
3	4	8	6	2	5	1	7
1	6	2	8	5	7	4	3
5	7	4	3	8	6	2	1
4	3	1	2	6	8	7	5
6	8	5	7	1	2	3	4
8	2	3	1	7	4	5	6
7	5	6	4	3	1	8	2

112

1	3	5	6	4	2	7	8
8	2	7	4	3	5	6	1
3	6	8	7	2	1	5	4
4	5	2	1	6	8	3	7
7	8	4	3	5	6	1	2
2	1	6	5	7	4	8	3
6	4	3	8	1	7	2	5
5	7	1	2	8	3	4	6

113

1	5	3	8	2	6	7	4
4	7	6	2	1	3	8	5
2	1	7	3	4	8	5	6
6	4	8	5	3	7	2	1
5	2	4	6	7	1	3	8
3	8	1	7	5	4	6	2
7	6	2	4	8	5	1	3
8	3	5	1	6	2	4	7

114

1	8	2	5	7	4	3	6
4	3	7	6	1	8	2	5
5	4	8	1	2	6	7	3
7	6	3	2	4	1	5	8
2	7	5	4	8	3	6	1
8	1	6	3	5	7	4	2
6	5	1	7	3	2	8	4
3	2	4	8	6	5	1	7

115

4	2	7	5	6	8	3	1
1	8	6	3	5	7	2	4
5	4	8	2	1	6	7	3
6	3	1	7	2	4	5	8
8	7	5	6	3	1	4	2
3	1	2	4	8	5	6	7
7	5	3	8	4	2	1	6
2	6	4	1	7	3	8	5

116

8	7	5	4	1	2	6	3
2	6	1	3	8	4	7	5
1	4	2	7	5	3	8	6
6	3	8	5	4	7	2	1
4	5	6	8	7	1	3	2
7	2	3	1	6	8	5	4
5	8	4	2	3	6	1	7
3	1	7	6	2	5	4	8

117

4	3	2	1	8	7	5	6	9
6	9	1	3	4	5	2	7	8
5	8	7	9	2	6	1	4	3
2	5	8	7	9	4	3	1	6
3	7	9	6	1	8	4	2	5
1	4	6	2	5	3	9	8	7
8	1	3	5	6	2	7	9	4
7	2	4	8	3	9	6	5	1
9	6	5	4	7	1	8	3	2

118

2	1	9	7	8	6	4	5	3
5	8	6	9	4	3	1	7	2
7	3	4	1	2	5	6	9	8
3	5	8	4	1	2	7	6	9
1	4	7	8	6	9	3	2	5
6	9	2	3	5	7	8	1	4
4	7	5	2	3	1	9	8	6
9	2	3	6	7	8	5	4	1
8	6	1	5	9	4	2	3	7

119

9	2	6	3	5	7	1	8	4
1	3	4	8	2	9	7	5	6
7	5	8	4	6	1	9	3	2
6	4	5	9	1	8	2	7	3
2	7	9	5	3	6	4	1	8
3	8	1	2	7	4	5	6	9
4	9	7	6	8	5	3	2	1
5	6	2	1	4	3	8	9	7
8	1	3	7	9	2	6	4	5

120

6	3	7	1	4	9	8	2	5
9	5	8	3	2	7	6	4	1
1	2	4	6	5	8	9	3	7
7	4	3	2	8	6	1	5	9
2	9	6	4	1	5	7	8	3
8	1	5	7	9	3	2	6	4
3	6	9	8	7	4	5	1	2
4	7	1	5	6	2	3	9	8
5	8	2	9	3	1	4	7	6

121

6	5	8	9	7	4	1	3	2
9	4	2	1	3	6	8	5	7
3	7	1	2	5	8	6	4	9
7	2	3	4	1	5	9	6	8
5	1	6	7	8	9	3	2	4
8	9	4	6	2	3	5	7	1
2	6	9	5	4	1	7	8	3
4	8	5	3	9	7	2	1	6
1	3	7	8	6	2	4	9	5

122

1	5	2	6	9	8	4	3	7
3	6	9	2	4	7	8	5	1
4	7	8	3	1	5	2	9	6
2	4	3	7	6	9	1	8	5
9	1	6	8	5	4	3	7	2
5	8	7	1	2	3	9	6	4
6	3	1	5	8	2	7	4	9
8	2	4	9	7	6	5	1	3
7	9	5	4	3	1	6	2	8

123

8	3	1	5	7	6	2	9	4
5	9	4	8	2	1	6	3	7
6	2	7	3	4	9	5	8	1
7	4	2	9	3	8	1	5	6
3	1	6	7	5	4	9	2	8
9	8	5	6	1	2	7	4	3
2	7	3	1	8	5	4	6	9
4	6	8	2	9	7	3	1	5
1	5	9	4	6	3	8	7	2

124

6	4	1	8	2	3	5	7	9
5	8	3	4	9	7	2	1	6
9	2	7	1	6	5	3	4	8
3	7	8	2	5	6	1	9	4
4	9	2	7	1	8	6	3	5
1	5	6	9	3	4	7	8	2
7	1	9	6	8	2	4	5	3
8	6	5	3	4	1	9	2	7
2	3	4	5	7	9	8	6	1

125

H	F	D	C	A	E	B	G
G	B	A	E	D	F	C	H
A	G	E	B	C	D	H	F
F	D	C	H	E	G	A	B
E	C	G	A	B	H	F	D
B	H	F	D	G	A	E	C
D	A	B	F	H	C	G	E
C	E	H	G	F	B	D	A

126

F	D	B	C	E	A
E	C	A	D	F	B
C	B	E	F	A	D
D	A	F	E	B	C
A	F	C	B	D	E
B	E	D	A	C	F

127

E	D	C	B	F	A
A	F	B	D	E	C
D	C	E	F	A	B
F	B	A	C	D	E
B	A	F	E	C	D
C	E	D	A	B	F

128

6	3	1	2	5	4
1	5	2	4	6	3
4	1	3	6	2	5
3	2	5	1	4	6
5	4	6	3	1	2
2	6	4	5	3	1

129

1	4	3	2
4	1	2	3
2	3	1	4
3	2	4	1

130

2	1	6	3	4	5
5	2	3	4	1	6
3	5	4	1	6	2
1	6	2	5	3	4
4	3	5	6	2	1
6	4	1	2	5	3

131

3	4	2 >	1
4 ^	1 <	3 >	2 ^
1 v	2 ^	4 ^	3 ^
2 ^	3	1 <	4

132

2	3	5 >	1	4
3 ^ <	4 >	2 ^	5	1
4	1	3 >	2	5
5	2	1 v	4	3
1 <	5	4	3 >	2

133

2	1	4 >	3 <	5	6
1	6	2	4 >	3	5
^4	2 <	5	1 <	6	3
3	^4 <	6	5	2	1
5	3	1	6 >	4	2
^6 >	^5 >	3 >	2	1	4

134

0	0	1	1
1	0	0	1
1	1	0	0
0	1	1	0

135

1	0	0	1	0	1	0	1
0	0	1	0	1	0	1	1
1	1	0	1	0	0	1	0
0	1	1	0	1	1	0	0
0	0	1	1	0	0	1	1
1	0	0	1	0	1	1	0
0	1	1	0	1	0	0	1
1	1	0	0	1	1	0	0

136

0	0	1	1
0	1	0	1
1	0	1	0
1	1	0	0

137

3	5	2	1	4	6
4	6	3	2	5	1
1	3	6	4	2	5
5	4	1	6	3	2
6	2	4	5	1	3
2	1	5	3	6	4

138

2	5	3	6	1	4
3	1	4	2	5	6
6	4	5	1	2	3
5	6	1	3	4	2
1	3	2	4	6	5
4	2	6	5	3	1

139

2	3	6	1	4	5
4	6	3	5	2	1
5	2	1	6	3	4
1	4	5	3	6	2
3	1	4	2	5	6
6	5	2	4	1	3

140

1	5	4	2	6	8	7	3
7	6	8	3	4	5	2	1
4	8	7	5	1	2	3	6
6	3	2	1	7	4	8	5
8	4	5	6	3	7	1	2
2	1	3	7	5	6	4	8
5	2	1	4	8	3	6	7
3	7	6	8	2	1	5	4

141

4	8	1	5	7	2	3	6
7	2	6	3	1	8	4	5
5	1	8	6	2	3	7	4
2	7	3	4	8	6	5	1
8	6	5	1	3	4	2	7
3	4	2	7	5	1	6	8
1	5	4	2	6	7	8	3
6	3	7	8	4	5	1	2

142

4	3	5	6	1	2
1	6	2	3	4	5
3	5	6	1	2	4
2	1	4	5	6	3
6	4	3	2	5	1
5	2	1	4	3	6

143

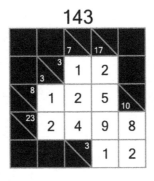

144

145

	6	29		26	10
7	1	6	16	9	7
14	5	9	8 / 10	5	3
7 / 9		4	1	2	14
34	8	7	9	4	6
4	1	3	14	6	8

Sudoku & Dragons

You're trapped deep in the Dungeon of Madness, and only they who have the brilliance to understand the magic combinations of the eight numbers stand a chance of leaving.

You want to escape the Dungeon of Madness? You will have to become a master in taming the Dragons! The goal of Sudoku & Dragons is to fill in the empty cells, one number in each, so that each column, row, and region contains each number exactly once. Every Dragon sees exactly 8 distinct numbers. Dragons see in all four directions, but can't look behind a wall. Put all the Dragons to sleep! Enjoy!

You can see the solution at:
http://www.puzzlebooks.net/en/puzzle/solution/sudoku-and-dragons

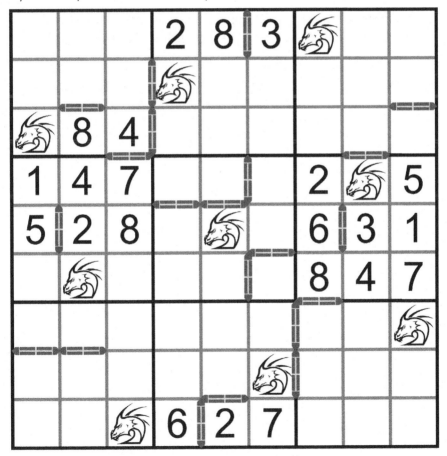

Please post a positive review on Amazon
if you loved solving the puzzles in this book.

Thank you,

Nick

Made in the USA
Middletown, DE
18 March 2020